AF561958

ARMÉE ROYALE DU MAINE.

(Commandant le maréchal-de-camp, comte d'AMBRUGEAC.
15 mai — 28 juil. 1815).

CAMPAGNES DES ARMÉES DE CONDÉ ET DE BOURBON, *suivies de celles de* 1814 *et* 1815; *avec cette épigraphe de* Servan :

> Si les factieux nous forçaient de céder à l'esprit de vertige, animé de leur haine contre la *Morale évangélique*, notre *Pays et notre Prince*, les vrais Français écriraient de leur sang sur leurs drapeaux : DIEU, PATRIE, ROI.

Dédiées à S. A. R. MONSIEUR; par le Chev F.-N. de FOULAINES *.

Extrait du Nain-Rose. 25 *avril* 1816.

CHEZ une nation, habituée à des commotions politiques, la fièvre d'écrire succède à la fureur d'agir; cette épidémie littéraire est dangereuse à l'Etat. Cependant, au milieu d'une inondation de brochures inspirées tantôt par l'esprit de parti, tantôt par les mécontens que rien ne peut guérir, tantôt par une vile adulation qui attend le prix de ses éloges, quelques esprits droits, placés à une certaine distance dans la perspective, observent, méditent, et tracent d'un crayon hardi et fidèle, l'esquisse exacte des événemens contemporains : comme les ingénieurs d'une armée, ils plantent sur le champ même où se livra la bataille, des jalons indicateurs du tableau de toute l'affaire, des marches, des contremarches enfin de la topographie de l'action.

Du très-petit nombre de ces bons écrits, est celui que nous annonçons. Le voile de l'anonyme,

---

* Chez l'AUTEUR, *Boulevard de la Madeleine*, n° 17, *à Paris*.

qui souvent est une juste prévoyance ou de l'ineptie ou de la mauvaise foi, est, chez l'Auteur, le cachet caractéristique de la modestie, du savoir, de l'éloquence et du dévouement.

Il a fait preuve de délicatesse, en ne se citant point, lorsqu'il donnait la liste des intrépides défenseurs militaires et civils de la sainte cause; il n'a point signé, de peur qu'on ne crût que l'encens mérité qu'il brûlait pour eux, sans en retenir pour lui, parût le résultat d'une ambitieuse flatterie : il s'est éloigné de toutes les malheureuse voies trop battues de nos jours.

Auteur de la *Défense préliminaire de Louis XVI* et des *Réflexions d'un publiciste sur l'ordre d'arrêter Mgr. le duc d'Enghien* (1), il offre, en remontant aux jours des plus grandes catastrophes, les moyens de se rappeler un nom digne d'être accolé à celui de *Guelon-Marc*. Lorsque le Ch[er] de *Foulaines* se cache à l'ombre des cyprès de *Louis XVI*, taire son nom et rappeler ces époques, c'est le nommer. En respectant un si noble incognito, n'est il pas permis de le trahir?

Sa marche est rapide et ferme; il développe pas à pas, en style fort et nombreux, les scènes politiques où tant de malheurs furent vaincus par tant de magnanimité. Son ouvrage est semé de réflexions profondes d'une couleur neuve. L'écrivain n'y sacrifie pas la concision aux charmes des périodes cadencées, à l'enflure d'une prose brillante trop à la mode; il se montre digne, par sa simplicité énergique, des Preux dont il détaille les hauts faits.

Dans le *Discours préliminaire*, M. de *Foulaines* porte la parole au Prince auquel la dédicace en était due a tant de titres. Il s'exprime avec autant de sensibilité que de force, en rendant un hommage

---

(1) Ce discours fut distribué par *L. Bourlier*, cité p. 5, qui, ainsi que le fidèle *Jaques Boillaut*, affronta tous les dangers pour le dernier rejeton de tant de héros. (Déclaration du Comte de *Corsac*, 28 janv. 1816.)

pur aux braves qui se dévouèrent à la mort pour le Roi, et en peignant les traîtres qui servirent et serviront toutes les factions. L'ouvrage sera lu avec avidité et une surprise agreable pour tous les Français. Il se recommande par la vérité des faits, par mille détails précieux, et par des portraits présentés d'un coup de pinceau habile. Heureux les publicistes qui, pensant aussi bien que M. de *Foulaines*, ont son vrai talent, son généreux oubli de lui-même, et son infatigable zèle pour la *Morale évangélique*, la *Patrie* et le *Roi*. Les *Campagnes* sont la plus ingénieuse critique, par le naturel, le sel et la franchise des narrations, des prosateurs pédans; ils emploient pour séduire la multitude, un style boursouflé, où le vide de la pensée est mal déguisé par le faux éclat des mots dont la brillante imposture signale trop souvent la fausseté.

Le marquis d'*Ecquevilly* dit : (*Campagnes de Condé*, t. I, p. IX et X. « Nous n'avons rien de » complet sur le sujet que nous traitons. Son » importance a provoqué et honoré les veilles » d'un publiciste (le Ch[er]. de *Foulaines*, de l'armée » de *Condé*, compagnie du comte de *Corsac*), » qui fit les 20 et 21 mars 1804, dans l'intérêt » du Duc d'*Enghien*, ce qu'il avait fait le 24 dé- » cembre 92 pour *Louis XVI*. Il suspend la pu- » blication de son ouvrage, pour s'occuper exclu- » sivement d'un monument élevé à la mémoire du » Roi-martyr. *Louis XVI et ses défenseurs*, dont » les XII premiers numéros ont paru le 27 avril » 1817, est dédié à S. M. Il est terminé par le *Règne* » *de Louis XVI* ».

On lit le passage suivant en tête de l'excellent ouvrage de M. d'*Ambrugeac* :

Extrait des Campagnes de 1815, inédites.
V. V. S. *in*-8°, T. Ier, N° 4.

La profonde méditation du *Mémoire* suivant a fait refondre tout ce qui, dans le manuscrit des

Campagnes de 1815, était relatif à la *Bretagne* et à la *Vendée*. Sans cette communication, dont l'Historien sent tout le prix, il eût supprimé deux chapitres, par l'impossibilité d'expliquer les motifs de la non jonction de l'*Ouest* avec le *Midi*. Le besoin de s'éclairer, et, d'un autre côté, la difficulté et le danger de mettre son manuscrit en circulation, lui ont fait prendre le parti dispendieux de faire imprimer séparément le *Discours préliminaire*, l'*Exposé de la Campagne de Gap*, l'*Examen du Mémoire justificatif du maréchal Masséna*, les *Chapitres* relatifs au *dévouement* des *Marseillais*, des *Bordelais*, des *habitans* de la *Lozère*, du *Rhône*, des *Pyrénées-Orientales* et du *Cantal*.

C'était l'unique moyen de provoquer la sévère critique dont l'Historien s'est efforcé de profiter. Rassuré sur plusieurs parties de son ouvrage, il s'est cru plus exact sur celles inédites, qui n'ont été soumises qu'à de moins nombreuses réunions.

Irrévocablement décidé à consigner, en son entier, le *Mémoire* du comte d'*Ambrugeac*, dans les *Campagnes de* 1815, l'Historien a rejeté l'idée qui lui a été suggérée de n'en faire connaître que le sommaire; comme s'il pouvait analyser une parfaite analyse. Il transcrit fidèlement l'ouvrage dans lequel on reconnaîtra que le général a servi le Roi avec sa plume, comme ses ancêtres, son frère et lui, le servirent avec leurs épées (1).

(Ce qui suit jusqu'à la page 9, est tiré du *Mémoire* (2) de M. d'*Ambrugeac*).

---

(1) Il est consigné, en partie, dans les *Institutions en* 1821, par M. de *Foulaines*.

(2) Les écrivains rendent rarement justice à leurs concurrens. On a vu, avec plaisir, M. de *Foulaines* payer un tribut mérité et désintéressé, à un général, dont le cœur et la tête auraient rendu les services les plus signalés, si la plus coupable intrigue n'eût pas paralysé les plus nobles efforts.

MÉMOIRE RELATIF A L'ARMÉE ROYALE DU MAINE, DE LA SARTHE, ET PAYS ADJACENS, EN 1815; *avec des Observations générales sur les Négociations entamées par* Buonaparte, *sur les deux rives de la Loire,* aussitôt que l'appel aux armes y fut fait au nom du Roi.

AU ROI.

SIRE, Lorsque V. M., ayant peine à comprendre l'excès de l'ingratitude qui donna si promptement des complices et des bras à la trahison, fut forcé de quitter ses Etats et de se réfugier dans les pays étrangers, je fus excité par le sentiment de l'indignation; je résolus de prouver que vos Sujets n'étaient pas tels qu'on les représentait à l'Europe étonnée.

Le 15 mai, l'appel fut fait aux armes sur les deux rives de la Loire. Je saisis cette occasion; j'y courus; je soulevai et dirigeai les fidèles sujets de la province du Maine. Rien ne prouve mieux, SIRE, l'ardeur avec laquelle ils cherchaient la même occasion (1) que la confiance entière accordée à un zélé serviteur qui leur était absolument étranger.

J'ose, SIRE; adresser ce *Mémoire* à V. M. Les événemens dont il traite n'ont pas produit des résultats très-importans; toute ma vie, je régréterai d'avoir été réduit à l'impuissance de faire mieux.

---

(1) Le 29 mai 1815, le maréchal comte d'*Ambrugeac*, commandant l'armée royale du Maine, « ordonna à M. *Louis Bourlier* » (d'Alençon) de se rendre dans cette ville, et d'y désigner ceux » des fidèles sujets de S. M., dignes de la servir, jusqu'à ce qu'elle » fut rétablie sur son trône, dans sa capitale. » L'ordre ajoute : « M. » *Bourlier* les conduira ou fera diriger sur Brulon, ou sur Beau- » mont-l-vicomte, pour rejoin-re l'armée royale. A cet effet, je » le nomme capitaine; ledit grade ayant été accordé sous la condi- » tion qu'il amènera ou fera diriger les fidèles serviteurs du Roi » vers l'armée royale dans les cantonnemens.... »

M. *Bourlier* partis sur-le-champ, brava tous les dangers, et malgré le zèle dont il avait déjà donné tant de preuves, il ne put amener que six hommes. On lui a réproché de n'en avoir pas recruté davantage; ce qui fut impossible, dès que l'on sut que le Roi était à Paris; les pompiers les plus dévoués se retirent dès que l'incendie cesse.

Les difficultés qu'éprouva un petit nombre d'hommes dévoués, sont de nature à mériter l'attention particulière de V. M. En effet, SIRE, qu'est-ce qui peut assurer davantage la tranquillité des peuples et des Rois, que la connaissance exacte de la vérité? J'ai lieu de croire qu'elle n'est pas encore acquise sur les événemens relatifs à la dernière guerre de l'Ouest.

V. M. verra, dans ce *Mémoire*, comment un petit nombre d'hommes, entouré de dangers, de séductions, de négociations, sut se maintenir en obéissant à son chef sans quitter un instant le drapeau royal, et comment ils conservèrent une attitude honorable, et dictèrent des lois au lieu d'en recevoir.

Plus leur nombre fut petit, plus il prouve ce qu'auraient fait des forces considérables, franchement dirigées vers le but que l'on doit se proposer toutes les fois, qu'en si mémorable occasion, on court aux armes.

Quoique ce *Mémoire* ne concerne qu'une province, les événemens qui sont passés ont une telle analogie avec ceux des provinces voisines, que V. M. voudra, sans doute, les examiner ensemble.

Je n'ai point prétendu traiter des questions qui se rattachent aux plus grands intérêts; je n'ai fait que les indiquer.

La première qui se présente, est celle de savoir comment et pourquoi la population de la Bretagne, du Poitou, du Maine et de l'Anjou ayant fourni 80,000 hommes armés aux chefs qui ordonnaient, en votre nom, SIRE, de prendre les armes le 15 mai; comment cette force imposante, dont la France attendait le signal et les efforts pour la seconder, se vit tout à coup paralysée par un système de négociation, substitué à l'idée nette et belle de réclamer franchement son Roi les armes à la main.

Une autre question se présente : Où donc étaient les troupes de *Buonaparte* que l'on pût redouter?

et plus tard, quelle force l'usurpateur pouvait-il détacher de son armée ?

Voilà sans doute de très-importantes questions à résoudre, et que l'Histoire s'apprête à développer, pour expliquer clairement le pénible résultat de tant de dévouement et de bras offerts qui, en dernière analyse, n'ont produit qu'un traité où, au nom d'un usurpateur déjà détrôné, on a voulu flétrir les lauriers de la persévérance et de la fidélité.

Ah! SIRE, quelle différence pour la France, si cette masse de 80,000 hommes s'était avancée avant le 1er juin, comme elle le pouvait, même sans coup férir, entre Rennes, le Mans et Saumur, unissant les deux rives de la Loire, délivrant le Midi qui attendait le signal, et s'ouvrant l'Ouest où se serait établi le camp de la fidélité! Là, seraient accourus et les sujets dévoués, et ceux qui n'étaient qu'irrésolus et inquiets. Les autorités de *Buonaparte* déjà indécises et tremblantes n'auraient pu rien contenir; et je ne balance pas à le dire, grands nombre d'officiers, de soldats que l'on avait excités en leur parlant de courage et de vieilles habitudes guerrières, charmés de trouver une excuse honorable pour leur valeur, seraient accourus dans nos rangs.

Que de Français, victimes de leur crédulité, nous n'aurions pas à regretter! Nous aurions tous, en pleurant de joie, juré, sous l'égide protectrice du Souverain, haine à ceux qui avaient vraiment sacrifié la Patrie, et obéissance éternelle au Roi, fils et successeur de tant de monarques, qui, à l'aide du courage de leurs sujets, nos pères à nous tous, habitans de la France, en avaient fait l'objet de la jalousie de la chrétienté.

L'Europe, à la vue de ce magnifiuc spectacle, se serait arrêtée, par respect, et eût félicité le ROI généreux de la France. Je vous vois, SIRE, arrivant parmi nous, avec votre auguste Famillle : les armes se baissent, et nous remercions tous à genoux la Providence de la France : toute discussion cesse; on sacrifie ses intérêts ; on les remet dans les mains du Père de la Patrie ; l'Europe est rassurée et la France est fière et heureuse !

Ne croyez pas, SIRE, que ce soit uniquement le rêve d'un Français : tout était prêt pour le réaliser ; la réunion seule de ceux qui coururent aux armes, et le vigoureux emploi de leur dévouement le réalisaient.

Mais, SIRE, à peine eut-on couru bravement aux armes, qu'un fatal systême de négociation paralysa, divisa, obscursit tout ; et au lieu de présenter cette magnifique masse de fidèles, à peine put-on s'opposer, avec une chance de succès, contre de faibles bataillons qui, eux-mêmes, manœuvraient, combattaient avec regret et indécision. Oui, SIRE, c'est une justice à rendre à ces Français égarés ; en exceptant cependant ceux dont l'Ouest et la France ne connaissent que trop la sanguinaire et constante aversion.

Si V. M. daigne lire ce *Mémoire*, elle sera consolée, parce qu'elle apprendra, avec certitude que les sujets de l'Ouest ne partagèrent nullement l'erreur de quelques individus, sans doute excusables par leur intention ; qu'ils conservèrent, en 1815, comme dans les années antérieures, ce singulier, cet honorable caractère de persévérance et d'obéissance religieuse qui les distingue depuis vingt ans, en dépit de tous les revers et de toutes fausses directions, et que ce caractère est le gage de leur calme en tems de paix et de leur dévouement à l'instant du danger.

Ce caractère est au-dessus des prétentions de l'ambition et des intérêts individuels. C'est le ROI, le ROI seul qui en est le mobile ; c'est pour lui qu'ils ne cesseront de se sacrifier. Ils attendent avec résignation et fierté se jour où l'on saura qu'ils étaient décidés à remplir l'attente de la France.

Je suis..., SIRE, de V. M..., et très-fidèle sujet.

Cte D'AMBRUGEAC.

Nécessité de la proclamation d'une Loi portant inhibition à l'Autorité judiciaire de connaître de toutes les possessions maintenus par la Charte, et aux Ministres de priver les Titulaires des Grades accordés aux sujets fidèles dans les momens où ils affrontaient la mort pour S. M.

> Les tems passés revivent dans quelques syllabes. La terreur est dans le mot de *Barrère*, et la Saint-Barthélemy dans celui de *Catherine* de *Médicis* : les faits s'attachent aux noms. CHARTE, Lois et Institutions sont en France, grâce au ROI, dans ce mot : MAINTENIR.

Par L. DE BONNEVAL-ST.-HEYREM.

Je n'ai ni personnellement, ni pour mes proches, ni pour mes amis, aucun intérêt à la promulgation de la loi que je sollicite. A toutes les époques d'une longue carrière qui touche à son terme, je ne veillai que pour ma Patrie et pour mon Roi. Lu Roi fait pour juger des personnes et des choses, reconnaîtra ici un apôtre de la concorde, et le sentiment qui dicta son avant-dernier ouvrage (1). Il n'attaque point ce qui est, ne fait allusion à personne; il désire le maintien de la Charte et croit qu'une disposition législative remédierait aux inquiétudes qui forment le fond de notre mal. Ce mal ne peut cesser que par les *Institutions* que nous attendons et qu'un écrivain qualifie d'*innovations pestilentielles*. Du haut du trône s'est fait entendre cet oracle : « Près l'avan- » tage d'améliorer, est le danger d'innover ». Mais en nous armant contre le danger des innovations, la sagesse du Souverain a proclamé qu'il fallait réunir tous les efforts et toutes les lumières pour mettre en action ce qui est, ce qui restera. Nous avons donc répondu d'avance à un poëte prosateur auquel la Pairie et sa renommée ne confèrent point l'*infaillibilité*, qui n'est dans aucun cer-

(1) *Du Ministère, du 27 novembre*. V. V. S. *in*-8°, T. 1er., N° 3.

veau. « Tous ceux qui ont critiqué les *Tourbillons* » de *Descartes* n'étaient pas des *Newton*. Où en » serions-nous, si, en fait..... de législation trans- » cendante....., l'autorité des noms eût toujours » prévalu ? » (1)

Sans Gouvernement, il y a anarchie ; point de Gouvernement sans distinction de pouvoirs ; le pouvoir judiciaire ne peut être ni syncopé, ni entravé : l'exécution de ses prononcés est une de ses attributions constitutionnelles.

Un arrêt de Cour souveraine n'est exécutoire qu'après le rejet du pourvoi en cassation. Il est permis à celui qui a succombé d'éclairer la religion des magistrats qui lui offrent une planche dans le naufrage. Si devant une Cour, qui ne peut connaître que des vices de formes de la fausse application de la Loi, il ne lui est pas permis de sortir de ce cercle, l'appelant succombera en définitif, quoique la Loi dont toutes les autres dérivent offre une exception destructive de l'édifice élevé par les parties respectives devant les jurisdictions déjà épuisées.

S'il existe tacitement dans la Charte une disposition tranchant la difficulté ; si cette disposition doit être interprétée par le ministère public, et qu'elle échappe à sa sagacité, n'est il pas de la sollicitude du Roi de fixer ses regards sur des points, qu'un appelant croirait rattachés à la Loi même ?

Le texte de la Charte est précis et clair. Lorsque le Roi a été rendu à nos vœux, il a trouvé A, avec un nom patronimique, un surnom, un nom de baptême, le titre de baron et des armoiries brochant sur seize écussons différens. Ou S. M. a considéré A comme annobli par le dernier Gouvernement, ou comme maintenu dans ses titres de 1789. Dans l'un et l'autre cas il est resté qualifié comme ci-dessus. Tout noble ayant un écusson, et

(1) Foulaines. *De la monarchie, selon la Charte*, p. 1.

l'accessoire suivant toujours le principal, il s'en suit qu'il reste avec l'écusson qu'il portait lors de la restauration. Le seul changement résultant de cet heureux événement, est que les écussons dénaturés à divers dégrés de l'*écartelé* redeviennent ce qu'ils furent, puisqu'ils coincident avec la Charte. J'ai dit de l'*écartelé*, car les *armes exigées* sous tous Gouvernemens ne se composent que du *brochant sur le tout*. Or, si ce brochant est conforme au titre unique dont s'arme une victime de la faveur ; s'il se réserve de démontrer que les huit alliances sont prouvées aussi régulièrement que le brochant, pourra-t-il être inquiété ? L'écusson du centre ne peut pas plus être séparé de celui qui le possède, que les titres et dénominations mentionnés au titre dont l'écu est la confirmation.

En législation comme en morale, le Roi ne propose que des principes féconds, laconiques et en petit nombre; les oracles de la sagesse humaine, en se rapprochant de ceux de la Sagesse Divine, ont le type du style lapidaire. De ces aphorismes dérivent tous nos codes. Les devanciers de nos Législateurs ont laissé aux juges et plus encore à MM. les gens du Roi, le droit de tirer des inductions, mais nul n'a le droit d'être le commentateur obéi de nos Constitutions.

Un exemple présentera la pensée dans tout son jour.

Une fille est enceinte ; il est naturel qu'elle cherche à donner légalement un père au fruit de son inconduite : elle se présente devant le juge, qui refuse de l'entendre et motive son refus sage et légal sur cette disposition : « La recherche de la paternité non avouée est inadmissible ».

Une autorité et B. disent à A : Vous ne porterez ni tel nom, ni tel titre, ni telles armes. Il répond, la Charte à la main : Je reste tel que le Roi m'a trouvé et *maintenu*. La recherche de la paternité est interdite ; cette prohibition ne résulte que d'un article isolé de l'un des titres du Code civil. Les cours tiendraient-elles plus la main à l'inviolabilité de cette disposition qu'à celle d'une conséquence nécessaire de la Charte même? Une autorité, née ou à naître, peut-elle abroger une maintenue dans trois possessions abritées par l'acte dont dérivent toutes les garanties? Dans les Constitutions, comme dans une voûte hardie, un seul point détaché relâche toutes les parties; la clef cessant de maintenir et d'être maintenue, l'édifice tombe.

Le Roi dira ce que le ministère public devrait articuler : Une question, dérivant de la Charte et jugée par elle ne peut être agitée judiciairement; je ne tolèrerais pas un débat sur une réintégration forcée, relative à l'acquisition d'un domaine national; un nom, un surnom, dix-sept écussons et le titre de baron sont des propriétés maintenues par l'acte synallagmatique qui lie à jamais le Souverain, ses ayans cause, ses sujets et leurs descendans; que les parties soient hors de cour.

Troon, en écrivant dans les intérêts de sa patrie et de la maison de *Stuart* dit : « Les Anglais » évitèrent tout ce qui pouvait porter atteinte à » la grande Charte. Les deux chambres ne tolé- » rèrent point que l'on agitât dans les prétoires des » questions dangereuses, au mépris du principe » constitutionnel qui en rendait toutes les parties » inattaquables, Elles sentirent que mon livre, » basé sur les nouvelles Institutions et adopté » par le Roi (malgré les vociférations des cour- » tisans), servirait le Monarque dès qu'il serait » démontré qu'il coopérait, par son approbation, » à diriger les Anglais et les héritiers de sa Couronne » vers les principes conservateurs de la Constitu- » tion (1) ».

Dans les questions ressortant de la politique, *Montesquieu* voulait que l'on consultât moins la

---

(1) *Beaugey*. Notes sur les maisons *Dormer*, *Dillon* et *Caltelreagh*.

jurisprudence et même les codes, que l'Histoire. Les petits intérêts de la vanité doivent céder devant l'intérêt public. Chez les Castillans, on ne peut sans un ordre exprès du Roi, *appointer à preuves les armes* et la *successibilité dans les droits honorifiques* et surtout la *possession de nom.* Il est souvent résulté des décisions motivées du Monarque que d'illustres maisons *non identiques* portaient mêmes noms et mêmes armes, mais non mêmes livrées.

Frédéric-le-Grand avait évoqué à sa personne seule toutes les questions qui avaient trait à la Constitution de ses États. Cela n'existe pas en France; c'est pour cela même que l'autorité judiciaire doit éviter tout empiètement sur le pouvoir Royal. La base de cette réflexion est puisée dans le passage suivant des *Institutions en* 1821 :

« Le silence imposé aux prétentions puériles ; » les fusions, les rapprochemens, firent la France » telle que le globe la jugea avec sa gloire immense, » ses momens d'inertie, et ses revers. Quoique » les deux races se soient confondues et déplacées » depuis 13 siècles, par la féodalité et la conquête, » notre Patrie eut toujours deux situations, l'une » pour conserver le privilége, l'autre pour con- » quérir le droit. Les exagérés, dans des opinions » opposées, ont attesté ce fait, ils en ont tiré des » conséquences contraires. De là, deux guerres » entre deux intérêts qui devaient cesser d'être » distincts, dès que l'on en vint aux mains. » Les juges ne peuvent qu'appliquer la Loi ; s'ils ne trouvent pas l'espèce dans le Code ; s'ils ne la voient pas dans la Charte, ils doivent provoquer une Loi interprétative.

« Peut-on raisonner sur les Institutions sans par- » ler de la Charte, dont elles doivent toutes dériver? » Posé l'axiôme tacitement contesté, que le gou- » vernement de la Charte est le seul régime ré- » pondant à nos besoins et aux vœux de l'immense

» majorité, sera-t-il possible que des magistrats
» procèdent par la Charte et la laissent violer ?
» Son gouvernement sera celui qui *fusera* les inté-
» rêts nouveaux avec les anciens, de manière à ce
» qu'il ne reste de ces deux élémens que la Charte,
» dont toute la législation et toutes les Institutions
» doivent être les corollaires. De la Charte date
» la nouvelle ère. Tant que vous laisserez la pos-
» sibilité de réaction à un ordre, vous le maintien-
» drez en guerre avec l'autre, et cette permanence
» d'hostilités mettra en péril deux partis.

» Les vainqueurs ne veulent que ce qui existe :
» que les vaincus, pour leur propre bonheur,
» renoncent à des chances imaginaires et en fassent
» un sacrifice à la Patrie et à l'œuvre du Prince.
» Le gouvernement de la Charte n'est point exclu-
» sivement dans son texte, et encore moins dans
» les stériles commentaires des agens chargés de
» son exécution, mais dans ses tendances, dans
» l'uniformité des directions et dans ses effets.

» N'insultons ni le ministère actuel, ni celui
» qui n'est plus, mais disons aux ministres pré-
» sens, passés et futurs, que hors des intérêts
» fusés, ils ne feront aucun bien et empireront le
» mal.

» On n'a dû parler que de ceux sur lesquels
» la Constitution fait peser la responsabilité, la
» critique et la corvée de saisir, dans des discus-
» sions impartiales, les avis que la faiblesse peut
» offrir à la force. Fronder fut toujours un moyen
» de fixer les regards ; il faut se guérir de cette
» manie et en s'opposant au ministère, s'il dévie,
» assure la paix et l'honneur de notre avenir. Mais
» l'attaquer sans motif, c'est oublier ce que tous
» doivent à Celui qui le choisit et dont il sténogra-
» phie l'expression. Une âme fortement trempée
» et formée à l'école du malheur, ne tolère point
» que l'on morcelle, par des réticences isolées,
» un acte immortel. C'est, appuyé sur la table

» sacrée, et avec le droit de dire : *Je la donnai » et la maintins*, qu'il s'offrira au jugement de » l'inexorable postérité ». (Institutions en 1821).

L'Histoire est le catéchisme des Rois, des législateurs et des peuples. Sans imiter ceux qui visent sans cesse aux rapprochemens forcés, on ne dédaignerez pas de consulter un publiciste étranger, qui médita long-tems sur les positions délicates de *Charles II* et d'*Henri IV*, après les événemens qui les rendirent à leurs heureux sujets.

« Le mal qui est dans le cœur du corps social » diminue ; la surface de certains lacs bouillonne » tandis que le fond est calme. Un calme absolu » et invariable sera au fond et sur la surface, si » l'on fuse les intérêts anciens avec les nouveaux, » par une éducation basée sur la morale évan- » gélique, et par des institutions calquées sur la » Charte, dues à un Roi qui ne rétrogradera point » et qui marche avec un siècle éclairé (1).

La philosophie a plaisanté avec grâce sur les distinctions. Des plaisanteries et des injures ne sont point des raisons. L'État serait ruiné, s'il ne récompensait qu'avec de l'or ; *Malesherbes*, philosophe pratique, proclamait que *les distinctions sociales produisaient l'émulation*. « Les » Français regretteront toujours les Institutions qui » faisaient de l'Honneur l'Évangile National » (2).

---

(1) The evil in the heart of the social body diminishes. The surface of certain lakes boils whilst the bottom is calm. An absolute and invariable calm will be at the bottom and surface, if the old interests be fused with the new, by an Education founded on the Morality of the gospel, and by Institutions traced in conformity with the Charter, due to a King, who will not retrograde and who marches with an enlightened age. (Examination by Water Kemlyworlth, of the Letter by the Ch[er]. F.-N. de *Foulaines*, of the 29 september 1820, to the King Lewis XVIII, on the Institutions in 1821 ; translated from the English by P.-L.-V. *Corbierres* (du Morbihan). Letter partly transcribed in the tracts of R. de *Carondeley* and É.-A. de *Meilliard*.

(2) *Un mot aux détracteurs du duc de* Berry.

La destruction de la noblesse serait un coup mortel porté à une Monarchie Constitutionnelle.

« Votre France a trop de lois et trop peu d'Institutions calquées sur la Charte, dont doivent dériver les actes de tous les pouvoirs et toutes les impulsions. Qu'en tête soit une éducation, digne noviciat de la vie du Gouvernant et des gouvernés, chez une grande nation. La France rejette tout ce qui n'est ni la Morale Évangélique, ni sa Charte, ni sa Législation, ni le Vouloir Légal d'un Souverain, consolé de ses infortunes et de ses sacrifices par l'amour de son immense famille (1).

Anéantir ce qui a été forcément maintenu, fait naître et perpétue les révolutions, dont l'état est toujours violent; empêcher que l'on discute sur ce qui ne peut être abrogé, sous peine de confusion générale, c'est proclamer que l'on veut ce qui est, en dépit de ceux qui espèrent ce qui fut et ce qui ne pourrait être qu'un instant. Contre les torrens, les digues n'ont qu'un effet momentané.

(1) Your France has too many laws, and too few Institutions moulded on the Charter, whence ought to derive the acts of all the powers and all the impulses. Let there be at the head an Education, worthy noviciate of the life, both of the Governing and the governed, among a great nation. France rejects all that is neither the Morality of the Gospel, nor its Charter, nor its Legislation, nor the Eegal Will of a Sovereign, consoled for his misfortunes and his sacrifices by the love of his immense family. (W. Kemplyworth).

IMPRIMERIE DE GŒTSCHY, RUE LOUIS-LE-GRAND, N° 27.

CAMPAGNES DE 1815;

OU

LES BOURBONS,

Les *Maisons militaires* du ROI et de MONSIEUR, les *Volontaires Royaux* de *Paris*, du *Midi*, de la *Bretagne*, de la *Comté*, du *Maine*, de la *Vendée* et de la *Normandie*;

(Si les factieux nous forçoient de céder à l'esprit de vertige, né de leur haine contre notre *Religion*, notre *Prince* et notre *Pays*, la *Maison militaire* du *Monarque*, la *Capitale*, le *Midi*, la *Bretagne*, la *Comté*, le *Maine*, le *Poitou* et la *Normandie* écriroient de leur sang, sur leurs drapeaux : DIEU, ROI, PATRIE !

SERVAN, Lett. à *Hay-de-Bonteville*, Évêq. de Grenoble.)

DÉDIÉES A S. A. R. MONSIEUR.

EXTRAIT DES CAMPAGNES DE 1815, *inédites.*

ARMÉE ROYALE DU MAINE. Commandant, le Maréchal-de-camp, Comte D'AMBRUGEAC. 16 mai—28 juillet 1815.

LA profonde méditation du MÉMOIRE suivant a fait

refondre tout ce qui, dans le manuscrit des *Campagnes de* 1815, étoit relatif à la *Bretagne* et à la *Vendee;* sans cette communication, dont l'historien sent tout le prix, il eût supprimé deux chapitres, par l'impossibilité d'expliquer les motifs de la non jonction de l'*Ouest* avec le *Midi*. Le besoin de s'éclairer, et, d'un autre côté, la difficulté et le danger de mettre son manuscrit en circulation, lui ont fait prendre le parti dispendieux de faire imprimer séparément le *Discours préliminaire*, l'*Exposé de la Campagne de Gap*, l'*Examen du Mémoire justificatif du Maréchal Masséna*, les *Chapitres* relatifs au *dévouement des Marseillais*, des *Bordelais*, des *habitans* de la *Lozère*, du *Rhône*, des *Pyrénées-Orientales*, et du *Cantal*. C'étoit l'unique moyen de provoquer la sévère critique dont l'Historien s'est efforcé de profiter; rassuré sur plusieurs parties de son ouvrage, il s'est cru plus exact sur celles inédites, qui n'ont été soumises qu'à de moins nombreuses réunions, et qui ont un rapport immédiat avec ce qui n'a pas été publié.

Irrévocablement décidé à consigner, en son entier, le *Mémoire* du Général Comte d'*Ambrugeac*, dans les *Campagnes de* 1815, l'Historien a rejeté l'idée qui lui a été suggérée de n'en faire connoître que le sommaire, comme s'il pouvoit analyser une parfaite analyse; il transcrit fidèlement l'ouvrage, dans lequel on reconnoîtra que le Général a servi le Roi avec sa plume, comme ses ancêtres, son frère et lui, le servirent avec leur épée.

MÉMOIRE

RELATIF A L'ARMÉE ROYALE

Du Maine, de la Sarthe, et pays adjacens, en 1815; avec des *Observations générales sur les négociations entamées par* Buonaparte, *sur les deux rives de la Loire*, aussitôt que l'appel aux armes y fut fait, au nom du Roi.

AU ROI.

Sire,

Lorsque Votre Majesté, ayant peine à comprendre l'excès de l'ingratitude qui donna si promptement des complices et des bras à la trahison, fut forcée de quitter ses Etats et de se réfugier dans les pays étrangers, je fus excité par le sentiment de l'indignation, et je résolus, autant qu'il seroit en mon pouvoir, de prouver que vos Sujets n'étoient pas tels qu'on les représentoit à l'Europe étonnée.

Le 15 mai, l'appel fut fait aux armes sur les deux rives de la Loire : je saisis cette occasion ; j'y courus, je soulevai et dirigeai les fidèles Sujets de la province du Maine ; et rien ne prouve mieux, SIRE, l'ardeur avec laquelle ils cherchoient aussi la même occasion, que la confiance entière qu'ils accordèrent à un zélé serviteur qui leur étoit absolument étranger.

SIRE, j'ose adresser à VOTRE MAJESTÉ ce Mémoire relatif au Maine. Les événemens dont il traite n'ont pas produit, il est vrai, des résultats très-importans, et toute ma vie, je regretterai d'avoir été réduit à l'impuissance de faire mieux pour votre service.

Mais que, quoi qu'il en soit, le récit des difficultés qu'éprouva un petit nombre d'hommes dévoués, j'ai pensé que ces difficultés étoient de nature à mériter l'attention particulière de VOTRE MAJESTÉ. En effet, SIRE, qu'est-ce qui peut assurer davantage la tranquillité des peuples et des Rois que la connoissance exacte de la vérité? J'ai lieu de croire qu'elle n'est pas encore acquise sur les événemens relatifs à la dernière guerre de l'Ouest.

VOTRE MAJESTÉ verra, dans ce Mémoire, comment un petit nombre d'hommes, entourés de dangers, de séductions, de négociations, sut se maintenir en obéissant à son chef sans quitter un instant le drapeau royal, et comment ils conservèrent une attitude honorable, et dictèrent des lois au lieu d'en recevoir.

Plus leur nombre fut petit, plus il prouve ce qu'auroient fait des forces plus considérables qui auroient été franchement dirigées vers le but qu'on doit se proposer toutes les fois qu'en si mémorable occasion on court aux armes.

Quoique ce Mémoire ne concerne qu'une province du royaume, les événemens qui s'y sont passés ont une telle analogie avec ceux des provinces voisines, que VOTRE MAJESTÉ voudra sans doute les examiner ensemble.

Je n'ai pas prétendu traiter des questions qui se rattachent aux plus grands intérêts ; je n'ai fait que les indiquer.

La première qui se présente, est celle de savoir comment et pourquoi la population de la Bretagne, du Poitou, du Maine et de l'Anjou, ayant fourni 80,000 hommes armés aux chefs qui ordonnèrent, en votre nom, SIRE, de prendre les armes le 15 mai; comment cette force imposante, dont la France attendoit le signal et les efforts pour la seconder, se vit tout-à-coup paralysée par un système de négociation, substitué à l'idée nette et belle de réclamer franchement son Roi les armes à la main.

Une autre question sa présente : Où donc étoient alors les troupes de *Buonaparte* que l'on pût redouter? et, plus tard, quelle force l'usurpateur pouvoit-il donc détacher de son armée?

Voilà sans doute de très-importantes questions à faire et à résoudre, et que l'Histoire s'apprête à développer, pour expliquer clairement le pénible résultat de tant de dévouement et de bras offerts qui, en dernière analyse, n'ont produit qu'un Traité où, au nom d'un usurpateur déjà détrôné, on a voulu flétrir les lauriers de la persévérance et de la fidélité.

Ah! SIRE, quelle différence pour la France si cette masse de 80,000 hommes s'étoit avancée, avant le 1er juin, comme elle le pouvoit, même sans coup férir, entre Rennes, le Mans et Saumur, unissant les deux rives de la Loire, délivrant le Midi qui attendoit le signal, et couvrant l'Ouest où se seroit établi le camp de la fidélité ! Là seroient accourus et les sujets dévoués, et ceux qui n'étoient qu'irrésolus et inquiets. Les autorités de *Buonaparte*, déjà indécises et tremblantes, n'auroient pu rien contenir; et, je ne balance pas à le dire, grand nombre d'officiers, de soldats qu'on avoit excités en leur parlant de courage et de vieilles habitudes guerrières, charmés de trouver une excuse honorable pour leur valeur trompée, seroient accourus dans nos rangs français.

Que de Français, victimes de leur crédulité, nous n'aurions pas à regretter! Nous aurions tous, en pleurant de joie, juré, sous l'égide protectrice du Souverain, haine à ceux qui avoient vraiment sacrifié la Patrie, et obéissance éternelle au Roi, fils et successeur de tant de Monarques français, qui, à l'aide du courage de leurs sujets, nos pères à nous tous, habitans de la France, en avoient fait l'objet de la jalousie de la chrétienté.

L'Europe, à la vue de ce magnifique spectacle, se seroit arrêtée, par respect, et eût félicité le Roi généreux de la France. Je vous vois, Sire, arrivant parmi nous, avec votre auguste Famille : les armes se baissent ; et nous remercions tous à genoux la Providence de la France :

toute discussion cesse. On sacrifie ses intérêts, on les remet dans les mains du Père de la Patrie. L'Europe est rassurée, et la France est fière et heureuse!

Ne croyez pas, SIRE, que ce soit uniquement le rêve d'un Français : tout étoit prêt pour le réaliser; la réunion seule de ceux qui coururent aux armes, et le vigoureux emploi de leur dévouement, le réalisoient.

Mais, SIRE, à peine eut-on couru bravement aux armes, qu'un fatal système de négociation paralysa, divisa, obscurcit tout; et, au lieu de présenter cette magnifique masse de fidèles, à peine put-on s'opposer, avec une chance de succès, contre de foibles bataillons qui, eux-mêmes, manœuvroient, combattoient avec regret et indécision. Oui, SIRE, c'est une justice à rendre à ces Français égarés; en exceptant cependant ceux dont l'Ouest et la France ne connoissent que trop la sanguinaire et constante aversion.

Si SA MAJESTÉ daigne lire ce Mémoire, elle sera consolée, parce qu'elle apprendra, avec certitude, que ses sujets de l'Ouest ne partagèrent nullement l'erreur de quelques individus, sans doute excusables par leur intention;

Qu'ils conservèrent, en 1815, comme dans

les années antérieures, ce singulier, cet honorable caractère de persévérance et d'obéissance religieuse qui les distingue depuis vingt-cinq ans, en dépit de tous les revers et de toutes fausses directions; que ce caractère est le gage de leur calme en temps de paix, et de leur dévouement à l'instant du danger.

Ce caractère est au-dessus des prétentions de l'ambition et des intérêts individuels. C'est le ROI, le ROI seul qui en est le mobile; c'est pour lui qu'ils ne cesseront de se sacrifier. Ils attendent, avec résignation et fierté, le jour où l'on saura qu'ils étoient décidés à remplir l'attente de la France.

Je suis, avec profonde soumission,

SIRE,

DE VOTRE MAJESTÉ,

Le très-humble et très-fidèle sujet,
Comte D'AMBRUGEAC.

INTRODUCTION.

Ce qui s'est passé sous nos yeux en l'année 1815, sera long-temps l'objet de nos entretiens ; c'est un droit que nous avons chèrement acquis, mais il sera plus long-temps encore le sujet des vastes observations de ceux qui nous survivront.

Qu'ils soient plus heureux que nous ! tout le leur présage, puisque notre beau pays de France est rendu à son Roi légitime. Quant à nous tous, nous avons vu se rassembler, se réunir sur nos têtes et autour de nous tout ce que nous avions peine à comprendre dans les histoires anciennes et modernes.

Quelle foule de réflexions à faire sur ce que nous avons vu ! Mais l'objet de ce Mémoire n'est pas de traiter de l'histoire de notre temps, mais seulement de ce qui a rapport à l'Ouest en 1815. Il est cependant nécessaire de faire observer que ce qui caractérise le plus le moment présent, c'est l'adresse avec laquelle on est parvenu à cacher les causes des résultats dont nous avons été témoins dernièrement.

L'Ouest a déployé, depuis vingt-cinq ans, un caractère qui est si remarquable, qu'on ne peut s'empêcher de rechercher les causes des revers qu'il éprouva dans l'année où l'on s'attendoit à ses succès. On ne peut blâmer le désir de démontrer que cette partie de la France est entièrement étrangère aux revers qu'elle a éprouvés.

Tout ce qui tend à démontrer que les masses sont bonnes en dépit des événemens, doit être utile à l'Etat, honorable pour la nation, et agréable pour son Souverain qui les réunit en sa personne sacrée. Voilà les réflexions qui ont fait naître celles qui suivent :

Faut-il sacrifier la vérité et l'honneur aux sollicitations actives de quelques individus qui, seuls intéressés à garder le silence sur les événemens de l'Ouest, où ils ont figuré en 1815, prétendent que d'en parler, c'est nuire à ces pays fidèles et à la cause du Roi.

Après avoir lu ce Mémoire, qui cependant traite plus particulièrement de la rive droite de la Loire, tout homme d'honneur, n'importe son opinion politique, dira sans doute qu'il faut faire triompher la vérité et l'honneur, et que ce n'est pas nuire, mais au contraire que c'est être utile à la cause du Roi que de parler franchement des événemens de l'Ouest, dont les causes resteroient inconnues, si on ne les dévoiloit, tandis que les résultats sont déjà consignés dans les Chartes publiques. — Il en résulte une opinion générale entièrement opposée à la vérité, et très-nuisible à des pays entiers, qui, par leur position, leur force, leur fidélité, sont très-importans pour la monarchie.

Il est très-utile et très-facile de la rectifier, en prouvant : 1°. que ces pays mirent en 1815 quatre-vingt mille hommes à la disposition de ceux qui se dirent chargés des pouvoirs de Mgr le duc de Bourbon, gouverneur de l'Ouest pour le Roi ; 2°. que M. de Malartic fut envoyé de Paris par le gouvernement de Buonaparte, avec la mission qui suit, en date du 23 mai :

« Messieurs, l'empereur ayant confiance à M. de Malartic, l'envoie dans l'Ouest, chargé d'une mission fort importante ; elle a pour but d'obtenir, par les négociations, ce que S. M. obtiendroit par les armes, et de lui éviter la nécessité d'envoyer dans l'Ouest des troupes, ce qui ne pourroit avoir lieu sans dégarnir son armée, dont il a besoin près de lui et vers le

Nord. Vous faciliterez de tous vos pouvoirs la mission confiée à M. de Malartic. »

Cet exposé seul suffit sans doute pour exciter la curiosité et pour convaincre de la nécessité d'examiner jusqu'à quel point cette mission singulière dut influer sur les événemens de l'Ouest. Cet examen, en citant simplement les faits, délivrera peut-être, non-seulement la France, mais l'Europe même, du fatigant embarras où chacun est quand on se demande : Qu'ont donc fait en 1815, lors du départ du Roi, et pendant son absence, les célèbres provinces de l'Ouest et ces braves Vendéens ?

Sans recourir à des déclamations emphatiques, croit-on que ce langage, cet embarras des contemporains, ne présagent pas ceux de la postérité ? et quel est celui qui oseroit en mépriser le jugement ?

Malheureusement les événemens de 1815 ne sont pas de nature à ne faire éclore que des panégyriques ; il faut réciter les faits, et leur abandonner le soin de classer les choses, les principes et les individus. Il y a autant de différence entre le récit et le panégyrique, qu'entre la mystérieuse Politique et l'Histoire ; mais quand on est obligé de blâmer et de censurer, on contracte encore plus l'obligation de dire ce qui fut bien. C'est une consolation véritable ; et la preuve qu'on ne blâme qu'avec peine, c'est qu'il faut appeler à soi toute la logique, toute la force du raisonnement ; tandis qu'en disant le bien, on s'exalte, on s'abandonne, on croit parler tout seul (1).

Ceux qui ont commis de graves erreurs dans cette dernière guerre de l'Ouest, allégueront sans doute pour excuse leurs bonnes intentions ; ils demanderont si on peut croire qu'ils pré-

---

(1) C'est ici le cas de citer la conduite parfaite de M. le comte de Dessolles-de-Grizolles, de M. de Coursson, de M. le Chevalier de Sécillon, et de M. de Florac.

M. de Grizolles, dans le Morbihan, combattit avec les siens comme un brave et fidèle Breton, c'est tout dire ; et toute la population de ce département fut à ses ordres.

M. de Coursson en fit autant dans le département des Côtes-du-Nord ; et M. de Sécillon insurgea le pays depuis Fougères jusqu'à Guérande.

L'on aura sans doute bientôt la relation de leurs Campagnes ; elle fera connoître les noms de ceux qui se sont distingués. On sera encore plus indigné de l'effet des négociations entamées sur les deux rives de la Loire ; leur principal objet fut de paralyser la Mayenne, qui séparoit du Maine ces braves Bretons. Et en réfléchissant sur la facilité de la jonction de tous ces nobles pays, on comprendra combien l'effet des négociations dut frapper sur le Maine où avoit servi M. de Malartic.

féroient le règne de Buonaparte à celui des Bourbons ; ils réclameront l'ancienneté de leur dévouement, parleront des incarcérations et des vexations souffertes pour la cause royale ; mais aussi ne parle-t-on que de leur erreur, et des conséquences funestes qu'elles ont pu et pourront avoir, et c'est le sort de tous ceux qui sont en évidence de voir censurer leurs mesures, leurs opérations, sans toutefois qu'on se permette des personnalités étrangères au sujet, et de sortir des bornes de l'urbanité. On peut donc, sans douter même de leurs intentions, leur dire qu'ils sont cause des revers d'un parti formidable ; qu'ils se sont chargés de la responsabilité de ses désastres, le jour où ils ont pris sur eux de substituer à des ordres de guerre, des négociations de paix ; que quand on quitte la ligne tracée par des ordres, et qu'on prétend prévoir l'avenir, il faut au moins voir juste, et réussir.

Il est évident qu'ils l'ont mal vu, mal prévu, quoiqu'ils se rassurent en disant que l'événement a prouvé que ce n'étoit que dans le Nord que devoit se décider la grande lutte. C'étoit bien là le prétexte captieux qu'on leur donna, et qu'ils répètent. Mais qu'ils le demandent à toute la France, si, au lieu de cette molle attente et de ce perfide conseil, quatre-vingt mille hommes se fussent avancés de l'Ouest, ralliant et excitant une foule de Français, et un plus grand nombre qu'on le croit peut-être de notre brave et crédule armée, si le Roi n'eût pas été plus heureux, et si la Patrie eût éprouvé tant d'humiliations et de calamités?

Toute leur erreur provient de ce qu'ils ont confondu les temps où il ne falloit qu'inquiéter un gouvernement puissant et organisé depuis long-temps, avec ceux où Buonaparte avoit peine à en rassembler quelques élémens.

Ils ont cru qu'il régneroit plus puissamment et plus long-temps; ils se sont trompés sur tout: ils ne peuvent justifier leurs bonnes intentions qu'en alléguant un seul motif, celui qu'ils voulurent servir le Roi et tromper Buonaparte. Cela peut être, et même doit être, puisqu'ils le disent; mais ne peut-on leur répondre: Ne servez jamais ainsi le Roi en semblables occasions, et trompez-le toujours comme vous vouliez tromper Buonaparte.

Ce motif est en effet le seul qu'ils peuvent alléguer; car, en chercher un autre en dépréciant la valeur et le dévouement des fidèles habitans de l'Ouest, ce seroit être insensé. Trop de preuves, trop de bouches, trop de dévouement disent et diront le contraire; et quant à celui qu'on allégueroit, en prétendant que l'on manquoit de poudre, ne le savoit-on pas le 15, quand on ordonna de prendre les armes? n'en avoit-on pas reçu le 18, et ne pouvoit-on en recevoir plus encore à Croix-de-Vic, où étoit en rade la flotte anglaise? et enfin, n'avoit-on pas l'exemple de cette Vendée vigoureuse qui sut, en 1793, se procurer poudre, fusils, canons, l'épée, le bâton à la main? et pouvoit-on s'en procurer en restant tranquille sur la rive droite de la Loire, dans les lieux où l'on se plaignoit de n'en pas avoir?

Et enfin, pour dernière ressource, alléguera-t-on qu'il étoit préférable d'attendre les événemens du Nord, et même le commencement des hostilités? dira-t-on qu'on craignoit la perfidie des étrangers?

Non, non. Qu'on ne se fatigue pas à recourir à tant de diplomatie; il falloit combattre ou ne pas s'armer; ce sont les combats, quand on en est réduit là, qui commandent à la diplomatie, et qui dictent des lois aux vaincus; la diplomatie se charge des vainqueurs, et la Providence dirige le tout.

Et si ceux qui sont à la tête d'un parti qui se dévoue se bornent à demander comment, quand il faut se dévouer, ou même s'il faut se dévouer, qui ne connoît la réponse ou le silence dus à de telles questions, surtout de la part de ceux pour lesquels on se dévoue?

Pour résumer cet avant-propos, il faut donc répéter : Que parler des événemens en 1815, ce n'est pas nuire, c'est être utile à l'Ouest et à la cause du Roi, parce qu'on peut démontrer, preuves à l'appui, qu'en dépit de ce qui s'y est passé en 1815, le parti du Roi y étoit très-fort, très-nombreux, très-important; qu'il a été paralysé; que les moyens employés pour comprimer sa force en prouvent la réalité : car on n'est perfide qu'envers ceux que l'on craint, et qui sont forts.

Depuis que ce Mémoire a été imprimé, M. de Malartic en ayant eu connoissance, a remis au gouvernement, et même à quelques individus, une relation de la mission dont il a été chargé dans l'Ouest, en 1815, par le gouvernement de Buonaparte.

Le général d'Ambrugeac, ne pouvant en copier entièrement le texte, croit utile d'en faire connoître l'esprit.

Cette relation fortifiera et expliquera plusieurs points essentiels du Mémoire; et quoiqu'elle soit incomplète, et qu'elle ne cite aucune des lettres ni démarches de M. de Malartic, ni plusieurs pièces importantes, dont cependant on a les traces positives et les copies, elle suffira jusqu'à ce que la force de la vérité fasse découvrir le reste, dût-elle même recourir aux témoignages et aux confrontations.

Le Comte D'AMBRUGEAC.

OBSERVATIONS

SUR LA RELATION DE M. DE MALARTIC.

Les 15 et 16 mai, on courut aux armes contre l'usurpateur, sur les deux rives de la Loire jusqu'à la Rochelle, et jusqu'au fond de la Bretagne.

M. de Malartic débute par dire, « que dès » qu'il apprit à Paris qu'on avoit pris les armes » le 15 mai, dans l'Ouest, il conçut de vives » inquiétudes pour ce pays; que M. Fouché, » duc d'Otrante, le manda et lui dit, que ce » n'étoit pas dans l'Ouest que devoit se terminer » la querelle, et finit par le persuader qu'il » devoit se charger d'une mission, afin d'y » éviter une effusion inutile de sang. M. de » Malartic dit que M. Fouché lui remit, le 20, » la lettre confidentielle ci-après, et, le 23, » l'ordre qui fut envoyé le même jour à toutes » les autorités civiles et militaires de l'Ouest.

» Dans la lettre confidentielle, il lui disoit » que, connoissant son amour pour le Roi, et » désirant éviter dans l'Ouest toute effusion » inutile de sang, attendu que ce n'est pas dans » l'Ouest, mais au Nord, que se décideront les » événemens, il doit seconder le gouverne- » ment dans le désir qu'il a d'y éviter la guerre » civile; ce qui, si le Roi revenoit, auroit con- » tribué à lui ménager des sujets.

» L'ordre du 23 mai, envoyé par le minis- » tère de Buonaparte à toutes les autorités ci- » viles et militaires de l'Ouest, portoit que » l'empereur ayant confiance en M. de Malartic, » l'envoie dans l'Ouest, chargé d'une mission » fort importante : qu'elle a pour but d'obtenir » par les négociations ce que Sa Majesté ob- » tiendroit par les armes, et de lui éviter la » nécessité d'envoyer des troupes dans l'Ouest, » ce qui ne pourroit avoir lieu sans dégarnir son » armée dont il a besoin près de lui et vers le » Nord, et qu'on eût à faciliter de tous ses pou- » voirs la mission confiée à M. de Malartic. »

Muni de cette double mission, M. de Malartic arrive, vers le 26 mai, dans l'Ouest, et y déploie son double caractère. « Il s'adresse » d'abord à M. d'Autichamp, qui refuse de » prendre toute initiative de negociation,

» attendu qu'on a trop parlé de lui dans les » journaux, ajoutant qu'il feroit ce que feroient » les autres.

» Il va donc à MM. d'Andigné et de Su- » zannet. Celui-ci répond à des propositions » verbales par une lettre écrite le 31 mai, où » il assigne pour motif de la guerre les vexa- » tions et les craintes de vengeance qu'on » appréhende de la part du gouvernement » établi; que l'Ouest n'aspire qu'à la tranquillité; » que M. de la Rochejaquelein a apporté des » ordres du Roi, mais que les secours promis » ne sont pas arrivés; qu'au surplus les généraux » se sont promis de ne rien faire l'un sans » l'autre, et qu'il désire que sa lettre soit en- » voyée à M. d'Andigné.

» Cette lettre, écrite à M. de Malartic, est » communiquée à M. d'Andigné. Celui-ci ré- » pond par écrit le 5 juin, et stipule neuf » articles de condition d'accommodement, » entr'autres, art. 6 : Le gouvernement con- » servera aux officiers qui sont actuellement » sous le drapeau royal les grades et appoin- » temens ;

» Art. 7. Une portion d'autorité sera lais- » sée aux généraux pour leur garantie, telle

» que l'autorisation de lever des corps à la solde » du gouvernement ;

» Art. 8. Ils recevront des sommes suffi- » santes pour licencier paisiblement. J'ai be- » soin, ajoute-t-il à cet article, de 300,000 fr. » dont je rendrai compte. »

Pendant ces allées et venues et négociations, M. de Malartic déclare « que, ne voulant » pas que sa mission nuisît aux officiers qui » avoient servi sous ses ordres, il leur fit dire » et leur écrivit qu'il partoit pour Paris ; qu'en » attendant son retour, ils se rendissent près » de M. d'Andigné pour se concerter. »

M. de Malartic part pour Paris, muni des réponses qui avoient été faites à ces ouvertures de paix ; il ne cite que ces deux lettres.

M. le général Lamarque, à qui elles avoient été communiquées (ainsi que d'autres sans doute), en écrit au gouvernement de Buonaparte. La réponse est consignée, page 71, dans le Mémoire ; et voici ce qui se passa dans l'Ouest depuis l'arrivée de M. de Malartic jusqu'à son retour de Paris.

A peine a-t-il paru sur les deux rives de la Loire, que la guerre change de nature ; l'ardeur se calme ; on avoit tout quitté ; on cherche, on regarde; on demande des ordres, on n'en reçoit plus.

M. Louis de la Rochejaquelein, qui, depuis le 15 mai, avoit combattu plusieurs fois et avec succès, ne peut concevoir ce singulier changement. Il espère animer par son exemple; il combat avec les siens; il est tué au champ d'honneur le 4 juin. Les rapports de M. Auguste de la Rochejaquelein, et d'autres chefs de la rive gauche, diront sans doute ce qui s'y passa, et qui n'est pas l'objet direct de ce Mémoire (1).

---

(1) Ces événemens sont trop importans pour qu'on anticipe sur le récit circonstancié que feront ceux qui y sont particulièrement intéressés, et qui étoient sur les lieux. Il paroît que, d'après les Mémoires du 4e corps de la Vendée, le marquis de la Rochejaquelein fut débarqué le 15 mai à Croix-de-Vic, avec des munitions de guerre, par une flotte anglaise;

Que ce débarquement eut lieu d'après un conseil de guerre tenu, le 11 mai, par MM. d'Autichamp, de Suzannet, Sapineau, Canuel et Auguste de la Rochejaquelein, qui avoient été rassemblés par ce dernier, d'après l'avis donné de Gand et de Londres, par le marquis de la Rochejaquelein, de la part du Roi.

M. Auguste de la Rochejaquelein leur dit que, s'ils croyoient devoir différer l'insurrection, son frère resteroit à bord de la frégate, sur laquelle il cingloit pour Croix-de-Vic. Les chefs ayant répondu que, vu l'en-

Le 29 mai, M. d'Andigné étant à Cossé avec deux mille quatre cents hommes, y fut surpris,

---

thousiasme et le bon esprit qui animoient les Vendéens, il falloit commencer à l'instant et soutenir le débarquement. M. Auguste de la Rochejaquelein en donna avis à son frère, et chacun se sépara pour courir aux armes.

Le 15 mai, le marquis de la Rochejaquelein débarque à Croix-de-Vic avec des munitions de guerre, et est soutenu par quelques Vendéens du Marais, qu'il rassemble lui-même. Il envoie vers son frère, qui après avoir, dès le lendemain de sa levée, battu l'ennemi aux Echaubroignes, s'avance vers lui; il reçoit les munitions de guerre, et en envoie la moitié à M. d'Autichamp.

M. de Suzannet se met en marche; il mande à MM. de la Rochejaquelein, qu'ils viennent, parce que le général Travot se dirige sur lui. Ce rapport, fait à M. de Suzannet, ne se trouva pas juste.

La jonction étant opérée, M. de Suzannet communiqua à MM. de la Rochejaquelein, Canuel, Dupérat et autres officiers du 4e corps, des propositions d'accommodement, qu'il venoit de recevoir de M. de Malartic.

MM. de la Rochejaquelein, Canuel et le 4e corps les refusent en insistant sur la nécessité d'aller à Croix-de-Vic, où une deuxième flotte de dix-sept vaisseaux anglais étoit en rade, chargée de toutes sortes de munitions de guerre, d'habillement, d'artillerie, etc.

Ils s'y dirigent, M. de Suzannet retourne dans son pays, ainsi que M. de Sapineau.

M. le comte Charles d'Autichamp, qui s'étoit mis en

pendant la nuit, par trois cents hommes ; depuis il reste dans l'inaction la plus réelle, sans avoir

---

marche, arrive à Saint-Christophe, après le départ de ces chefs, et retourne aussi chez lui.

MM. de la Rochejaquelein soutiennent le débarquement des munitions de guerre ; et, après trois jours de combats continuels, et après avoir repoussé valeureusement, à nombre inférieur, trois charges à la baïonnette, le marquis de la Rochejaquelein est tué le 4 juin, à quinze pas de l'ennemi ; M. Auguste son frère est blessé à la jambe du même coup qui tua son cheval.

Les Vendéens, découragés par la perte du marquis de la Rochejaquelein, et écrasés par le nombre, se retirent avec perte, emportant partie des munitions, l'autre fut prise par l'ennemi, et l'artillerie resta à bord de la flotte.

Pendant ce temps, c'est-à-dire du 29 mai au 4 juin, M. de Malartic étoit occupé à ses négociations. Les Mémoires de la rive gauche parleront d'un arrêté pris à Falron, entre les autres chefs cités.

On ne peut s'empêcher de dire, que les négociations de M. de Malartic, au moment du débarquement de ces secours demandés aux Anglais, sont venues mal à propos, et qu'il en est résulté de fâcheux malentendus. On ne peut s'abstenir de s'écrier, que les deux frères la Rochejaquelein, réunis à celui qui fut tué dans la première Vendée, eussent été bien choisis par la France, si, comme Rome, elle eût dû confier sa destinée à trois frères dans un combat singulier.

Peut-on s'empêcher aussi de citer le trait suivant,

même de rassemblement indiquant un quartier-général.

M. d'Ambrugeac aguerrit sa troupe par des

---

qu'amis ou ennemis répèteront, en pensant à tout ce qui est héroïque.

MM. de la Rochejaquelein, se voyant seuls à Croix-de-Vic avec le 4e corps, envoyèrent, dans leur pays, le brave Dupêrat, maréchal-de-camp, pour y chercher des renforts. Il part. Arrivé près des Herbiers, il rencontre quelques Vendéens en marche, et leur demande où ils vont. Nous allons au secours de nos frères avec notre général Mademoiselle Lucie de la Rochejaquelein. En effet, la colonne s'avance, et M. Dupêrat aperçoit l'héroïne à cheval, à la tête de 3000 braves, qu'elle avoit elle-même rassemblés, et qui étoient en marche. Elle veut lui céder le commandement. Non, non, répond Dupêrat, les yeux baignés des larmes de l'admiration; je vous suis, et vous obéirai. On marchoit à grands pas depuis une heure, lorsqu'arrive un courrier, envoyé par M. de Sapineau, apprenant la mort de M. Louis de la Rochejaquelein. Peu d'heures après parut M. Auguste de la Rochejaquelein avec les débris de son corps; on retourne dans le Bocage. Quelle femme! quelle famille! quels excellens peuples que ces Vendéens!

Avant de finir cette note, le général d'Ambrugeac croit devoir prévenir qu'il seroit désespéré d'avoir écrit ce qui pourroit être contesté, et dont il n'a pas été témoin, mais que ce résumé est fait d'après des Mémoires du 4e corps. Les protestations énergiques, faites par les corps vendéens, fortifient et appuient aussi ces Mémoirés.

combats, tout en la levant, et craint de ne pas faire assez. Il est obligé deux fois de recommencer sa levée, et ne comprend pas, après des avantages marqués, pourquoi il est abandonné par ceux qu'emmènent les officiers qui ont servi sous M. de Malartic. Il ne savoit pas alors que cet ancien chef de l'état-major du Maine leur avoit écrit d'aller vers M. d'Andigné, qui effectivement les reçut et les approuva. (Pages 35, 39, 41 du Mémoire.)

Cependant de braves et fidèles officiers et soldats restent près de M. d'Ambrugeac; il se soutient, et n'entend plus parler de M. d'Andigné.

M. de Malartic revient de Paris vers le 9 ou 10 juin : cependant sa relation ne le dit pas; mais, soit par lui-même, soit par ses correspondances toujours libres, il devoit savoir que toutes les troupes de Buonaparte étoient parties pour leur destination vers le Nord; il devoit mieux le savoir encore que d'autres, puisqu'il avoit la confiance et les entrées, sinon de tous les ministres, du moins de M. le duc d'Otrante. Mais les craintes qu'il avoit conçues pour l'Ouest, dès le début de la guerre, avoient fait tant d'impression sur son imagination, qu'étant de retour dans l'Ouest avec le traité proposé comme *ultimatum*, il en pressa l'exécution; au lieu de se réunir à ses anciens camarades, de les encourager, de les exciter, en leur disant que la guerre commençoit dans le Nord, que les forces et l'attention de Buonaparte s'y dirigeoient entièrement. Il le devoit d'autant plus, qu'il dit lui-même, dans son Mémoire, « qu'on l'avoit » assuré que les renforts envoyés contre l'Ouest » le 5 ou 6 juin, seroient les derniers qu'on y » enverroit, et qu'effectivement on n'y en en» voya plus. »

Mais revenons à cette relation.

« Le général Lamarque, voulant presser la » signature du traité écrit le 15 juin à M. de » Malartic, celui-ci presse à son tour, le 16, » M. d'Andigné. » On ne voit pas ces deux lettres, ni aucune de celles écrites par M. de Malartic; mais on y voit celle de M. d'Andigné. Il lui répond, le 19, « qu'il voudroit » savoir s'il y a une entrevue des généraux » royalistes; qu'il voudroit y aller. Il prie » M. de Malartic de lui envoyer un sauf-con» duit; que le traité n'est pas celui qu'ils » avoient proposé; mais que d'après ce qu'il » mande, il pourroit obtenir quelques chan» gemens; que M. de Malartic devroit au » moins aller chez chaque chef, séparément

» et chez lui; que cela avanceroit l'affaire. »

Cependant les chefs de la rive gauche, à la demande de plusieurs braves, et, entr'autres, de M. Auguste de la Rochejaquelein, reprennent les armes le 12, et choisissent M. de Sapineau pour chef.

Pendant ce temps, le général Lamarque avoit pris ses positions. On ne voit pas ce que faisoit alors M. de Malartic. Les mémoires de la rive gauche expliqueront sans doute ce qui se passa depuis le 12 jusqu'au jour où l'on signa le traité. Le 18, M. de Suzannet paya de sa vie l'erreur où l'avoient fait tomber ces ridicules négociations entamées depuis la première arrivée de M. de Malartic. On reprit du moins les armes sur la rive gauche. Il n'en fut pas de même de M. d'Andigné, qui, depuis la lettre du 5 juin, n'étoit plus en guerre (1).

(1) Ce fut précisément quand les chefs de la rive gauche avoient repris les armes, et combattoient les 16, 18, 21 juin, que M. d'Andigné recevoit, de M. de Malartic, une lettre du 16 juin, et qu'il lui répondoit par celle du 19. Ce fut aussi pendant que M. d'Ambrugeac étoit au milieu des renforts ennemis, envoyés contre la division du Maine, que M. d'Andigné écrivoit les lettres en date du 16, pages 35, 39, 41 du Mémoire. Son erreur étoit si complète, qu'il resta seul sans combattre,

Dans sa relation, M. de Malartic dit : que « sitôt qu'il apprit la déroute de Waterloo, sa » présence n'étant plus nécessaire dans l'Ouest, » il partit pour Paris où devoient se passer de » grands événemens; qu'il envoya prévenir » les Vendéens, et qu'il fut bien étonné quand » il apprit à Paris qu'ils avoient signé le traité. »

Il n'ignoroit cependant rien de la position des Vendéens, ni des demandes du général Lamarque, qui, dans la lettre, pag. 73, dit au général Sapineau que M. de Malartic (et autres), doivent être en ce moment (21 juin) près de lui, porteurs des propositions faites par le gouvernement, etc. etc. Il avoit reçu un exprès expédié de Paris par M. Piet ; cet honnête Français, déjà mécontent et inquiet de la mis-

---

sans remuer, et que, loin de là, plus le danger de la rive gauche et de M. d'Ambrugeac augmente, plus il prend même l'initiative d'un traité, qu'il exécute d'avance. — *Voyez* les lettres, pages 35 et 39, il conseille (sans ordonner) aux uns de ne pas se mettre en armes, aux autres de ne pas augmenter la force de leur corps, etc. etc. Il est évident que le résultat devoit être la perte des Vendéens, et celle de M. d'Ambrugeac, qui fut assez heureux pour annuler le plan et les efforts d'un ennemi qui s'étoit accru en même temps qu'on avoit diminué les forces des royalistes.

sion que M. de Malartic remplissoit, lui mandoit la nouvelle de Waterloo, et lui disoit combien elle devoit améliorer la position des royalistes, etc. etc.

Quel usage M. de Malartic fit-il de cette missive reçue le 22? Il dit « qu'il envoya prévenir » les Vendéens, et qu'il partit. » N'étoit-ce pas le cas de rester et de passer dans le camp de ses malheureux camarades, ou au moins de faire usage des pouvoirs de sa mission? C'est alors qu'il auroit pu être utile par ses talens diplomatiques.

Ne seroit-il allé près des Vendéens que pour leur annoncer la victoire remportée par Buonaparte, le 16, ainsi que le relatoit le général Lamarque (pag. 73)?

Quel intérêt plus grand pouvoit appeler M. de Malartic à Paris? Pouvoit-il croire sa mission finie, parce que le gouvernement qui l'avoit donnée l'étoit? Non, puisqu'il vouloit le tromper; et certainement il n'eut pas pour but, en pressant tant son retour à Paris le 24 (pendant que Lamarque continuoit ses opérations militaires autour des Vendéens), d'y arriver pour rendre compte de sa mission, avant que le gouvernement qui l'avoit employé eût rendu le dernier soupir.

M. de Malartic fut donc très-étonné d'apprendre à Paris, « que les Vendéens avoient » signé le traité le 26. » — M. d'Andigné le censure vivement aussi par sa lettre du 4 juillet, pag. 85 du Mémoire (1).

Sans doute on sera étonné de cette double censure, puisque ni l'un ni l'autre ne combattirent, et que l'un et l'autre ne voulurent que négocier ; il est vrai que l'un s'en alla deux jours avant la signature du traité, et il étoit en pleine sécurité et facilité de prendre la poste pour Paris ; l'autre étoit aussi en parfaite sécurité, sans pouvoir être pressé par aucun en-

(1) Dans sa lettre du 4 juillet, M. d'Andigné dit que le traité des Vendéens lui attira de pressantes sollicitations d'y adhérer ; mais qu'il a cru répondre aux vœux de tous ceux qui ont bien voulu s'unir à son sort (on croit que ce n'étoit pas au sien, mais à celui du Roi) en se refusant à tout en cet instant où il ne lui sembloit pas décent de traiter avec un gouvernement qui ne subsistoit plus, et de renoncer au Roi au moment où il rentroit dans ses droits.

C'est le cas de faire observer aussi ce que l'on n'a pas dit dans le Mémoire. M. d'Andigné dit à M. d'Ambrugeac, qu'il espère bien qu'il a conservé ses relations avec M. Guyot de la Poterie. Il n'y a pas d'autres réflexions à faire que de recommander de lire la lettre, page 39, écrite à M. Guyot de la Poterie, que M. d'Ambrugeac étoit censé ignorer.

nemi, puisqu'il n'avoit aucun rassemblement autour de lui qui pût inquiéter cet ennemi, et lui assigner le point où il pouvoit trouver le général en chef, soit pour le faire signer, soit pour le combattre (1).

Enfin, M. de Malartic termine sa relation en disant « qu'il est malheureux qu'un zèle

(1) Il y eut, depuis le 5 juin, quelques détachemens et quelques affaires partielles sur les frontières du Craonois, qui prouvent, ce qui est connu, que les royalistes de la Mayenne ne le cédoient à aucun autre en dévouement et en bravoure. Mais M. d'Andigné qui, depuis le retour du Roi, a pris, dans ses titres particuliers et imprimés, celui de général en chef de quatre départemens, parut ignorer, pendant la guerre, que ce qui désigne à l'ennemi un général en chef, c'est son quartier général, autour duquel sont des masses avec lesquelles il se porte sur un point où l'ennemi en oppose d'autres. Qu'un général en chef auroit produit le plus grand effet, si, constamment à la tête de son armée réunie, ou, au moins, avec un beau corps d'élite, il se fût présenté dans chacun de ces quatre departemens, et les eût réunis avec le Morbihan, les Côtes-du-Nord, l'Ille-et-Vilaine. Quelle belle existence de général en chef, et qu'elle eût été utile au Roi! Assurément on ne peut soupçonner M. d'Andigné de craindre les foibles dangers de la guerre, et c'est précisément la certitude du contraire qui fortifie les preuves de l'erreur fatale où l'ont mis des négociations, dont il n'a compris ni le but ni les conséquences.

» inconsidéré, quoique bien intentionné, ait » produit les fâcheux résultats de cette cam- » pagne, qui a justifié aussi les craintes » qu'on avoit conçues pour l'Ouest; que l'on » devoit se proposer pour but d'attendre les » événemens, les temps propices, ce qui eût » été bien plus utile et bien plus glorieux; ras- » sembler, après la défaite des rebelles, quatre- » vingt mille hommes qui étoient à la disposi- » tion des chefs, et les porter en avant, ce » qui eût été sans danger; qu'il falloit enfin » temporiser. »

Quel étoit donc le jour où devoit finir cette temporisation? étoit-ce celui où l'armée de Buonaparte eût reflué sur l'Ouest contenu (qui auroit été encore plus contenu, et n'auroit pas eu le temps de se former)? étoit-ce celui où il eût fallu exterminer des compatriotes fugitifs et malheureux, trompés par eux-mêmes, par leur perfide chef, revenant dans leur pays, et y trouvant encore de la fourberie, au lieu d'ennemis francs, braves, qui les auroient appelés à eux par leur exemple, avant les malheurs publics; mais non, de si coupables pensées ne peuvent avoir existé.

La différence entre le désir de M. de Malartic d'être utile au Roi, et celui de ce Mémoire, est de l'être avant ou après le danger, avant ou après la bataille de Waterloo.

Voilà donc le rôle que l'on réservoit, dit-on, à cette belle et importante partie de la France? Le simulacre de la bravoure et du dévouement après que tout danger étoit passé. On ne craignit pas de flétrir ce beau et noble caractère des peuples de l'Ouest, fiers d'avoir conservé tous les élémens de leur première gloire, en dépit des revers et des sources de corruption dont on espéroit inonder ce pays. On seroit tenté de quitter les bornes qu'on s'est tracées dans ce Mémoire, et de se livrer à l'indignation, sinon contre M. de Malartic et autres, du moins contre leur malheureuse conception; mais il faut rester dans le genre adopté pour cet écrit. Assez d'autres s'empareront d'un sujet digne de la plus mâle et de la plus véritable éloquence; assez d'autres diront ce que leur inspirera le respect dû aux mânes affligées, humiliées des Bonchamp, des Catelineau, des Lescure, des la Rochejaquelein, prêts à sortir de leurs tombeaux entr'ouverts, et qu'ils refermèrent en gémissant.

Comment a-t-on pu et peut-on persister encore par un glacial raisonnement, à s'opposer à ce noble enthousiasme qu'on avoit peine à contenir dans l'Ouest, et dont la nature est électrique, comme le sait un chacun? Il falloit le seconder, et réserver la froideur, la prudence pour en diriger les effets.

Il falloit en un mot entourer de gloire et de cris aux armes les braves royalistes de l'Ouest, et non les entourer de temporisations, de correspondances et de négociations.

Peut-on se figurer cette marche de quatre-vingt mille hommes, après le danger conseillé par M. de Malartic et autres, et son arrivée en vue de l'armée des alliés, en présence du Roi? quelle eût été la confusion des chefs à ces mots: Comment avez-vous fait quitter leurs foyers à ces sujets fidèles? Nous savons tout; reconduisez-les dans leurs foyers? Ils devoient s'attendre, ainsi que nous, à un emploi plus glorieux, plus utile de leurs bras. Vous ignorez donc que Buonaparte et son conseil prétendoient que personne en France, sans en excepter ces braves gens, ne réclamoit le Roi, et qu'en leur conseillant de ne pas s'armer pendant que l'usurpateur s'asseyoit sur le trône, c'étoit justifier cette perfide assertion. Allez, et dites à ces Français religieux, dociles et braves, que vous commîtes une grave erreur que nous voulons oublier!....

M. de Malartic et autres peuvent s'attendre à être le sujet d'une foule de réflexions et d'observations qui toutes naîtront du genre d'utilité dont ils prétendent avoir été pour le service du Roi; sans doute eux-mêmes ils reconnoîtront un jour combien est juste ce sentiment, qui porte à interroger et à censurer ceux qui, dans des événemens publics aussi importans, attendent la décision de ces événemens, et oublient cette énergique loi jadis portée à Athènes : que c'est être ennemi de l'Etat que de ne pas prendre un parti décisif dans les commotions qui l'agitent.

Au résumé, ce fut une grande erreur que celle qui commença le 20 mars, qui ne fut réparée ni diminuée le 20 mai ni le 23, par l'ordre envoyé par Buonaparte à toutes ses autorités constituées, ni par le séjour de M. de Malartic à Paris, ni par l'arrivée du traité du 7 juin, ni quand les hostilités furent en pleine vigueur dans le Nord, ni quand la guerre civile eut éclaté dans l'Ouest.

Sans doute M. de Malartic rendra un compte plus détaillé et plus exact des rapports qu'il fit nécessairement aux ministres de Buonaparte, sur la force ou la foiblesse de l'Ouest, sur les confidences des chefs royalistes à cet égard. Ils sont nécessaires ces rapports, pour fixer les opinions sur lui et sur les ministres qui l'ont employé, et sur les chefs qui l'ont écouté.

Sa mission eut un plein succès en ce qui concerne l'ordre d'éviter à Buonaparte la nécessité de diminuer son armée, et l'on manqua totalement le but, que sans doute l'on s'étoit promis en secret, puisqu'on le dit, celui d'éviter la guerre civile, et de paralyser les forces des rebelles contre celles des royalistes; car la guerre civile eut lieu, et il n'y eut de paralysé que les forces des royalistes contre les rebelles.

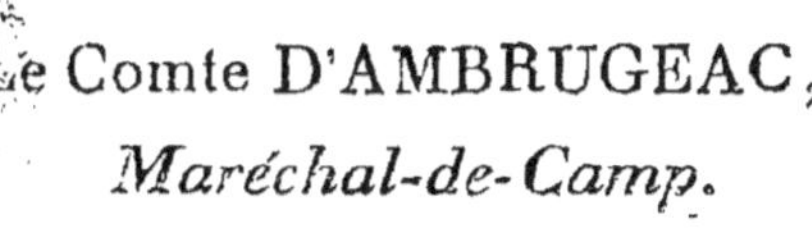

Le Comte D'AMBRUGEAC,
Maréchal-de-Camp.

ERRATA.

Page j, ligne 8, forçoient de, *lisez :* forçoient à.

Page ij, ligne 27, le général, *lisez :* ce général.

Même page, ligne 28. son frère, *lisez :* son frère cadet.

Même page, au-dessous de la dernière ligne, *lisez :* Paris, 8 juillet 1816 F...

Page iij, ligne 3, du Maine, de la Sarthe, *lisez :* du Maine ou de la Sarthe.

Page iv, ligne 22, mais que quoiqu'il en soit, *lisez :* mais quoiqu'il en soit.

Page viij, lignes 18 et 19, en exceptant cependant, *lisez :* j'en excepte cependant.

Page ix, dernière ligne, comte d'Ambrugeac, *lisez :* le comte d'Ambrugeac.

Page 10, ligne 16, L'ennemi, *lisez :* Le général.

Page 21, ligne 6, Segré, *lisez :* Cossé.

Même page, ligne 25, de Coislin, *lisez :* Ducamboult de Coislin.

Même page, ligne 26, Desol, *lisez :* de Grizolles.

Page 24, lignes 3 et 4, et apportés le 18 juin à la Vendée, *lisez :* et apportés à la Vendée.

Page 29, ligne 12, le traité de pacification et amnistie, *lisez :* et d'amnistie.

Même page, ligne 14, et qu'ils n'ont pas averti, *lisez :* ils n'ont pas averti.

Page 30, ligne 12, excitée par ce noble exemple, *lisez :* excitées par, etc.

Page 31, deenière ligne, mémorable campagne, *lisez :* année mémorable.

Page 32 *bis*, ligne 28, les mêmes escadrons qu'il avoit mis en fuite, *lisez :* qu'il mit alors en fuite.

Page 33 *bis*, ligne 6, il fut paralysé, *lisez :* on fut paralysé.

Même page, ligne 8, ses moyens furent. *lisez :* les moyens.

Page 44, après n° XVI, *mettez* une virgule.

Page 64, ligne 16, à l'invitation de se rendre, *lisez :* l'invitation de se rendre.

Page 66, après la dernière ligne, *lisez* en alinéa : Le maréchal-de-camp comte d'Ambrugeac.

Page 69, ligne 11, après ces mots : au général d'Ambrugeac, *ajoutez :* 21 août 1815.

Page 78, lignes 27 et 28, et ce dans toutes les forêts par les ennemis de ce département, *lisez :* par toutes les forces dans ce département.

Page 80, ligne 20, au Mans, *lisez :* au silence.

Page 81, ligne 28, et qui ne seront remis, *lisez :* et qu'ils ne seront remis.

Le comte D'AMBRUGEAC, *maréchal-de-camp.*

Le *Mémoire relatif à l'Armée royale du Maine ou de la Sarthe*, et les *Campagnes de* 1815, se trouvent à Paris, chez P.-J. FERRY, rue du Bac, n° 106.

www.ingramcontent.com/pod-product-compliance
Lightning Source LLC
LaVergne TN
LVHW010051230826
846091LV00005B/1911

* 9 7 8 2 0 1 3 0 4 6 3 2 9 *